A B C intelligence

Tome 2

A B C
intelligence

complete with

color

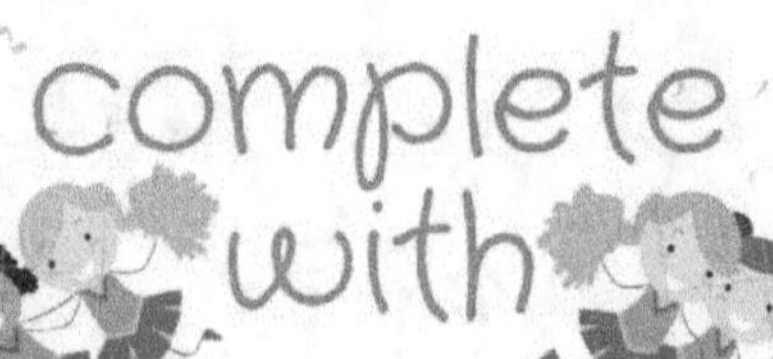

complete with
color letter A

A

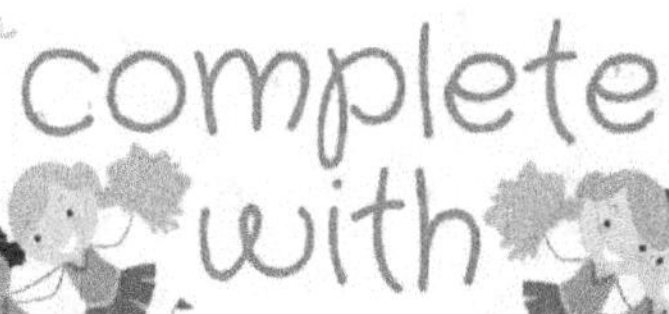

complete
with

color horse

complete with

color dog

color letter B

complete
with

color

complete with

color letter B

color letter B

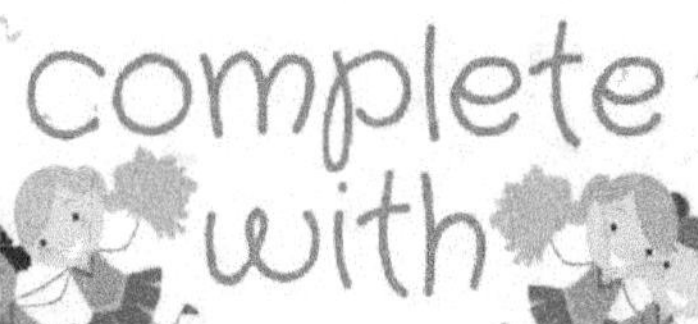

color balloon

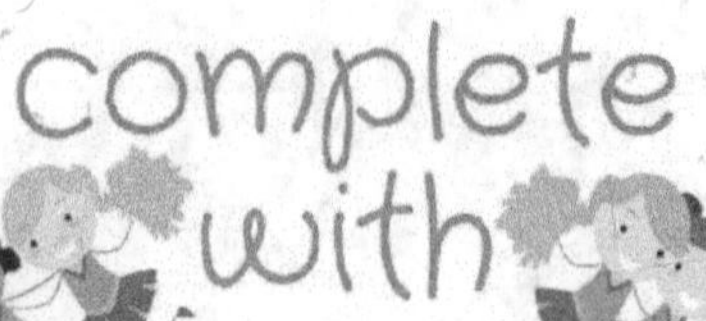

color balloon

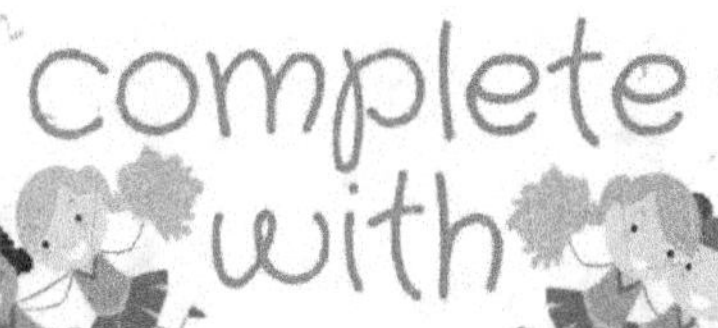

complete with

color balloon

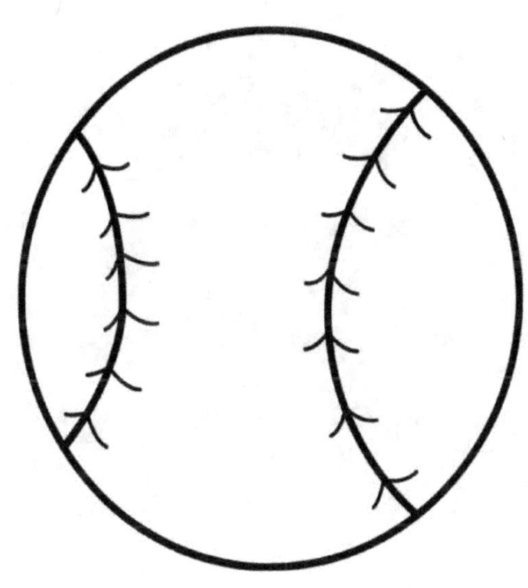

color

complete
with

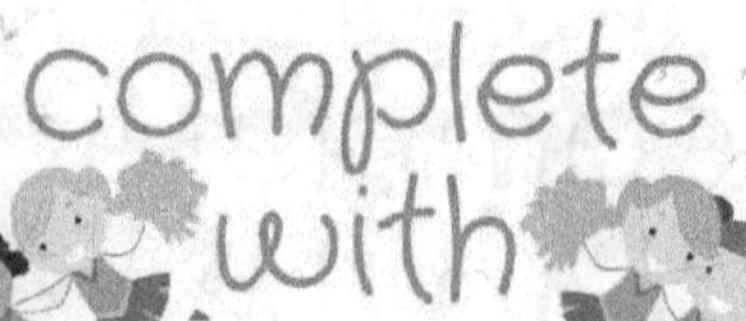

color Pumpkin

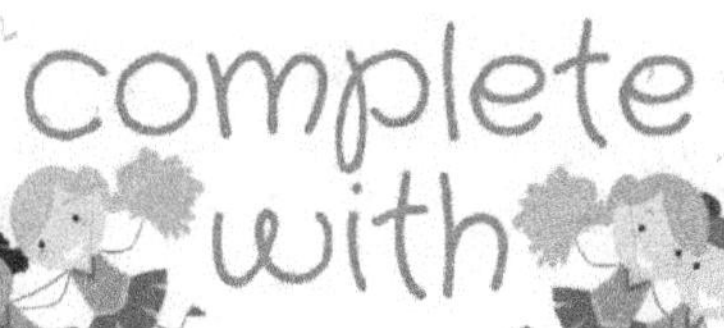

complete
with

color Pumpkin

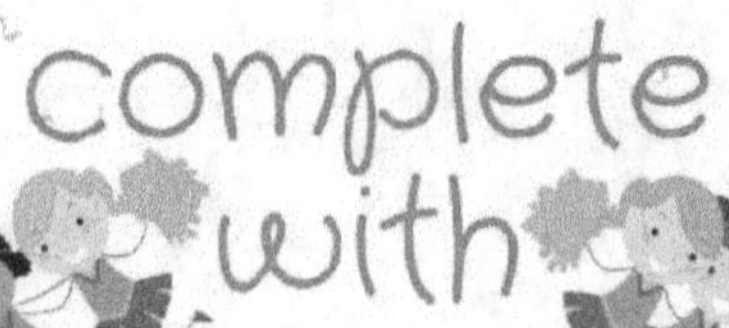

complete
with

color Pumpkin

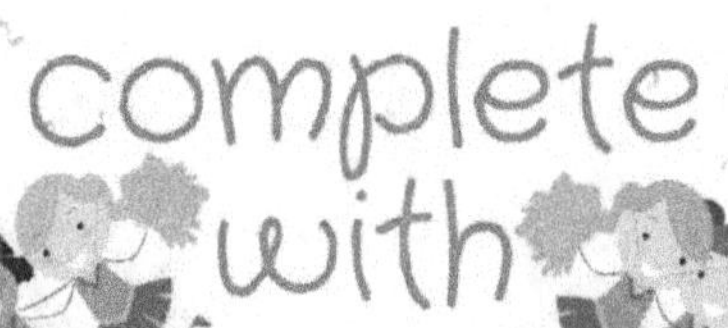

color Pumpkin

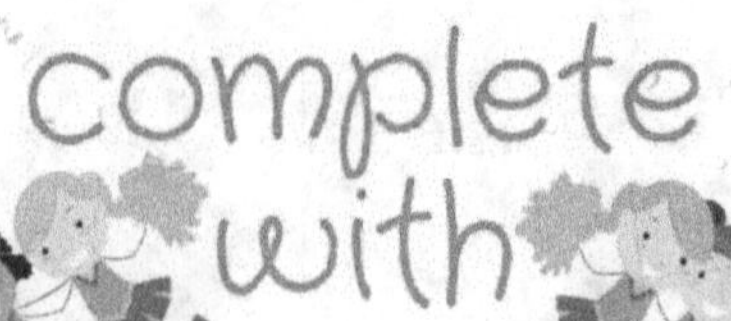

color Pumpkin

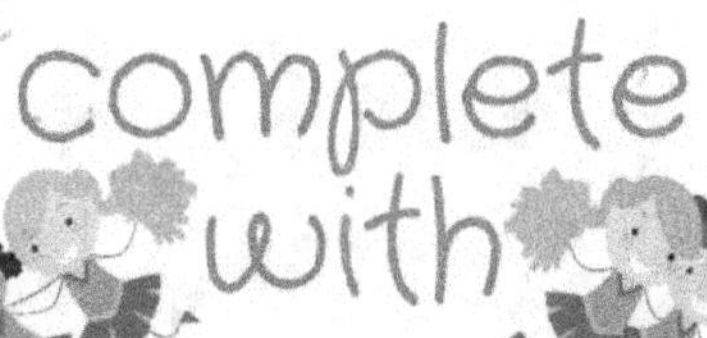

color Pumpkin

color

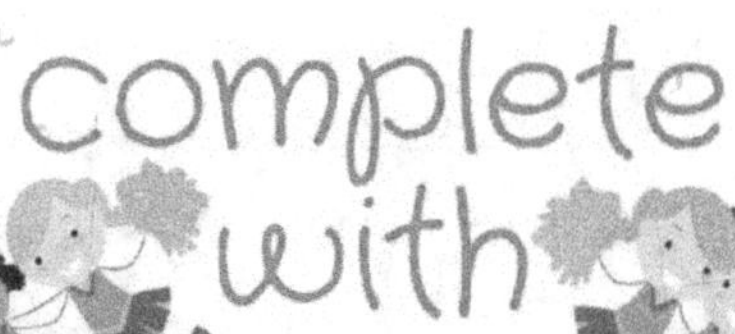

complete with

color letter C

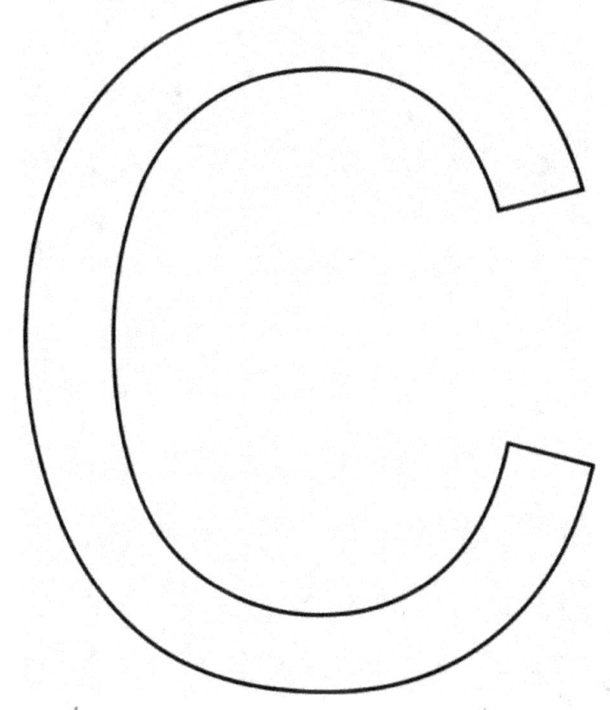

complete with
color letter D

complete
with

complete with

complete with

| + |

$$\text{⚽} = \text{⚽}$$

.....

complete
with

color

complete with

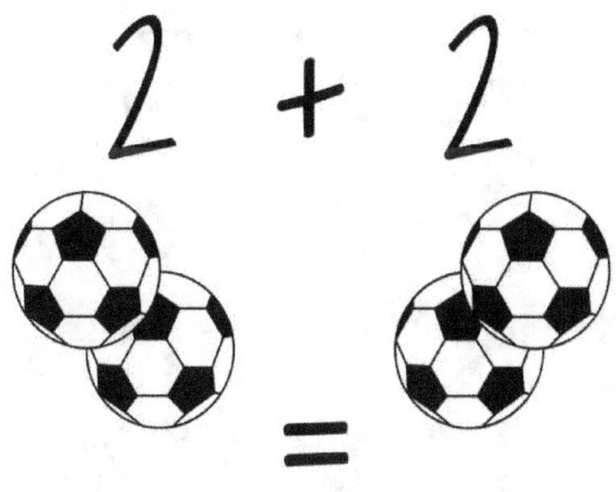

$2 + 2$

$$=$$

....

complete
with

3 + 3

color

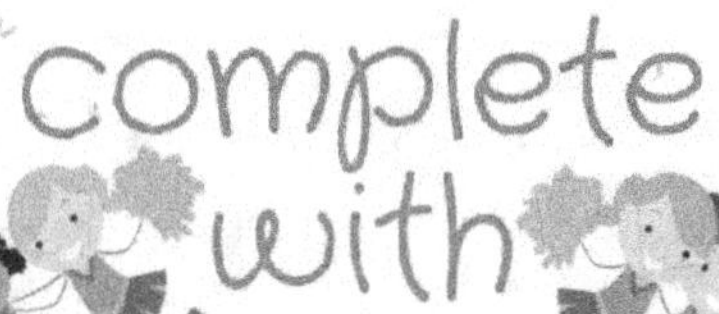

color number 0

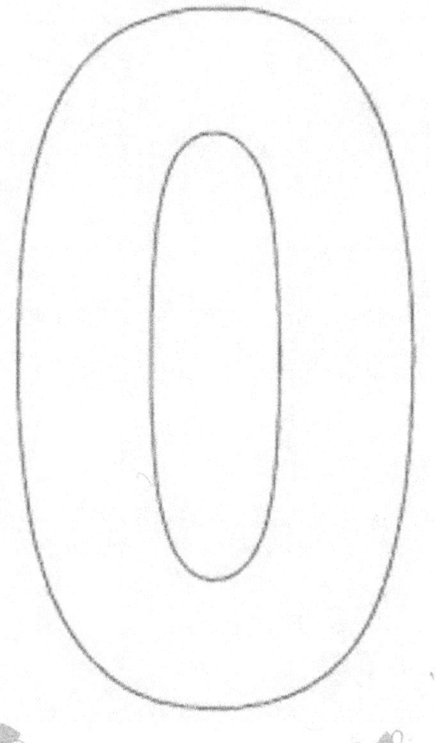

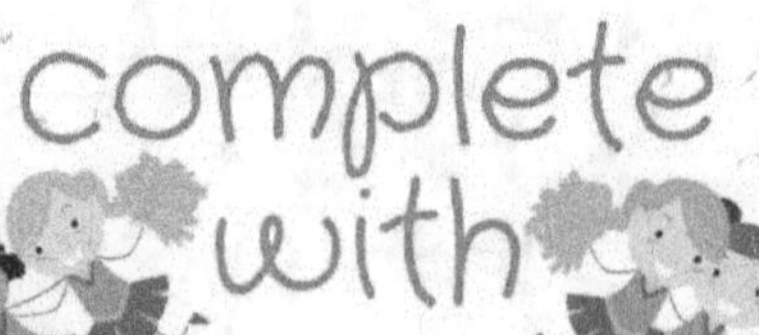

color number 1

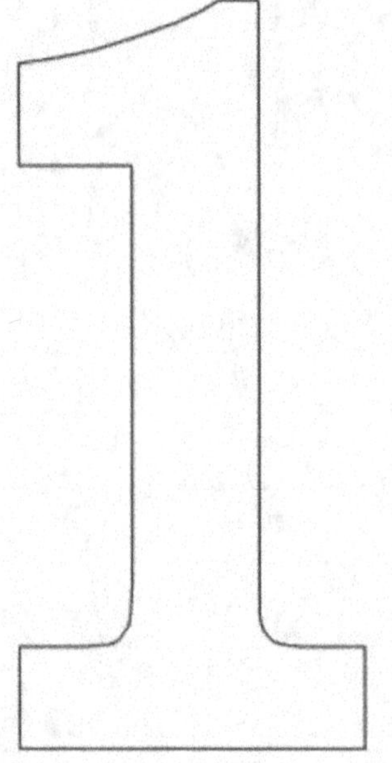

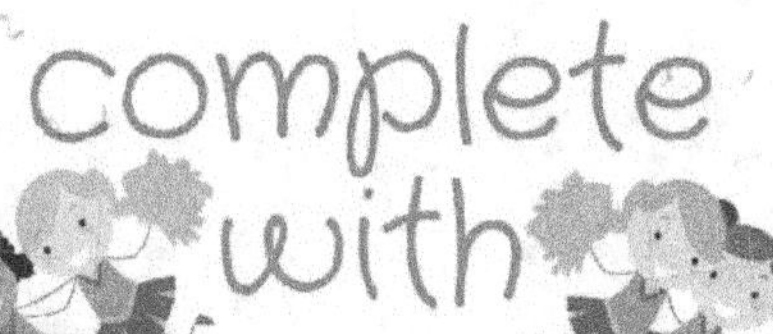

color number 2

complete with

color number 3

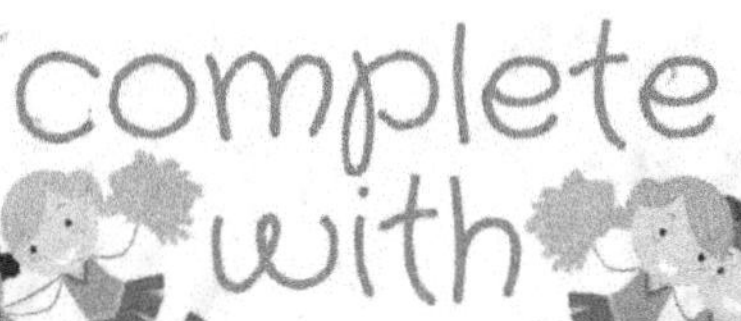

color number 4

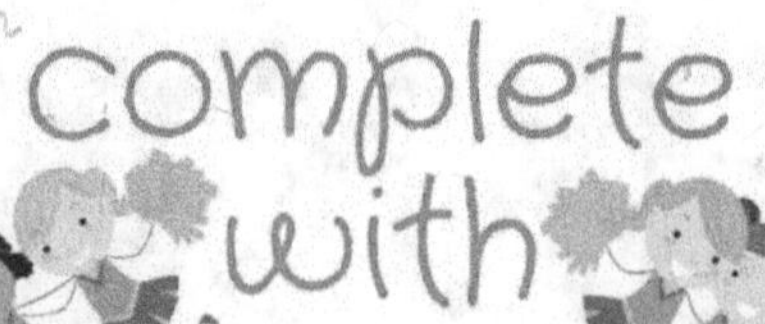

complete with

color number 5

color number 6

complete with
color number 7

color number 8

8

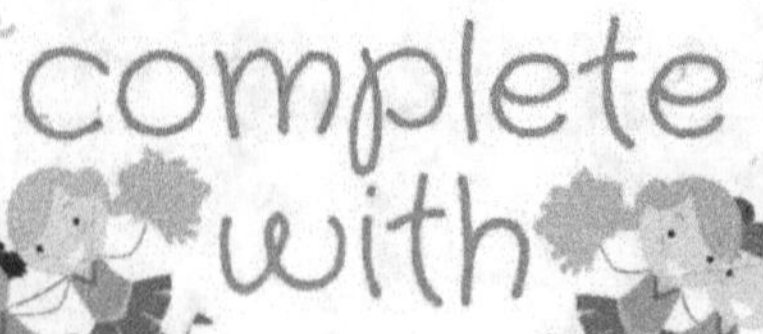

color number 9

complete
with

color

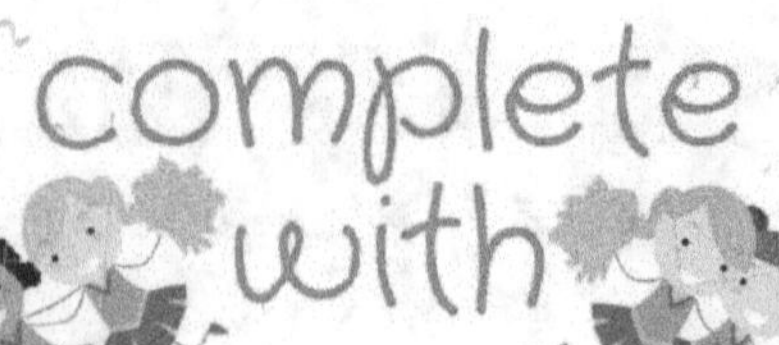

color number 3

color number 5

complete with

color number 6

color number 8

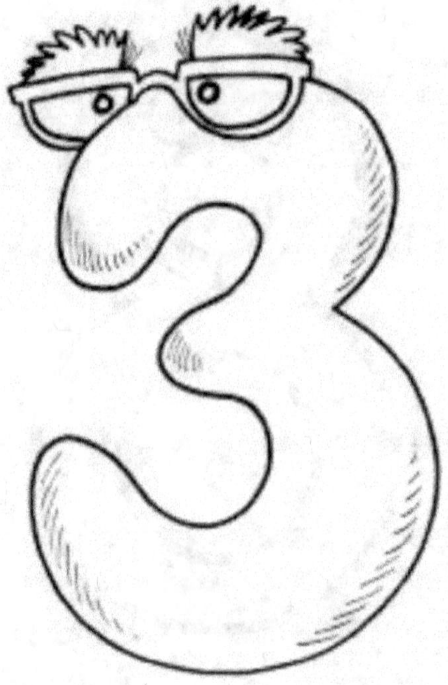

complete with

color number 3

complete
with

color

color letter E

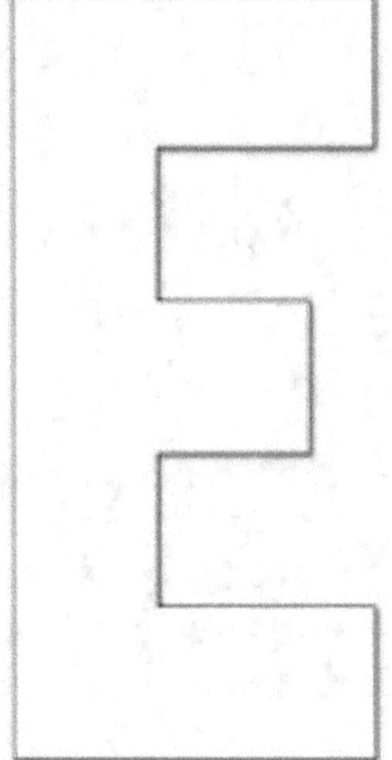

A B C
intelligence

complete
with

color

complete with

color letter F

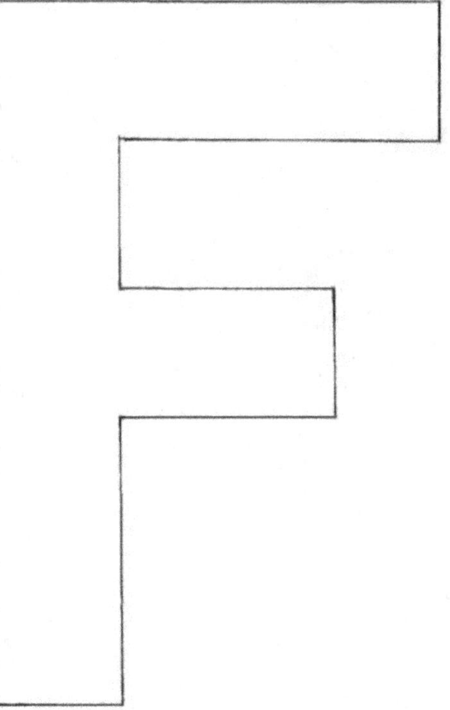

complete with

color letter G

complete with

color dog

color letter H

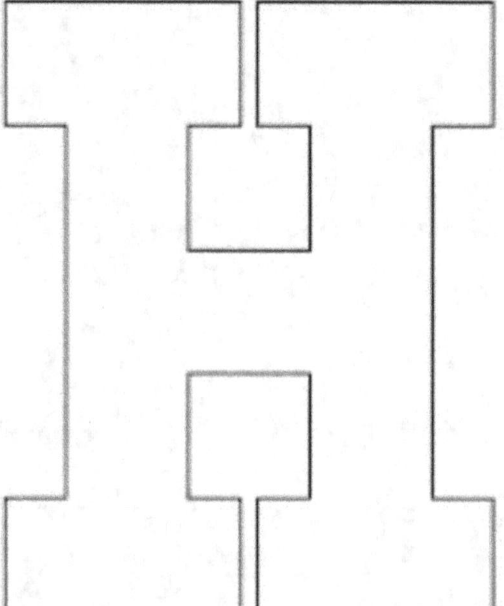

complete with

color

color letter I

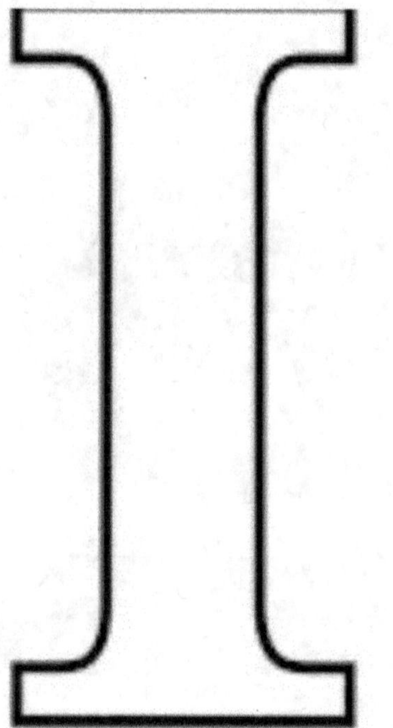

color letter J

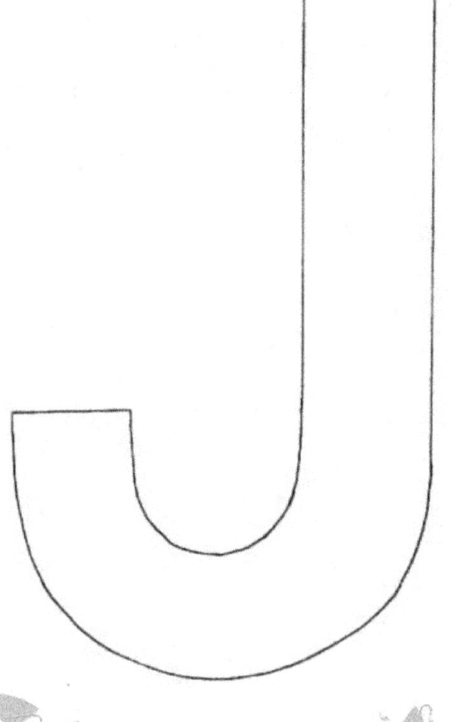

color letter K

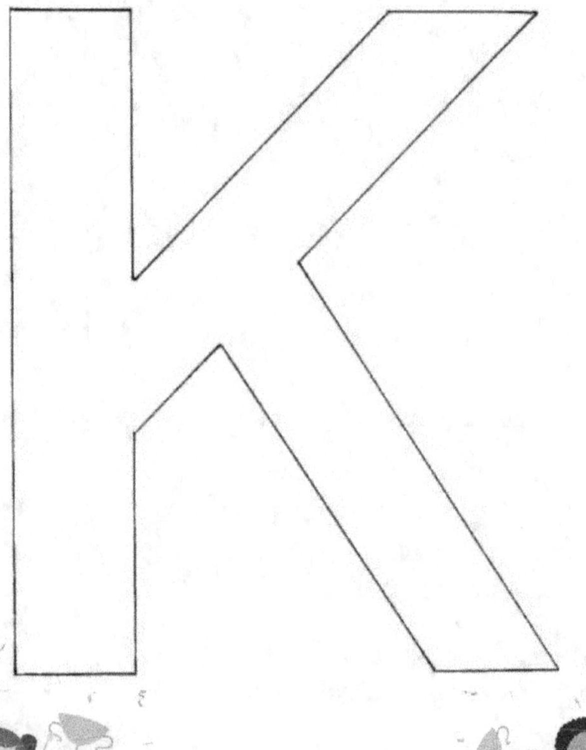

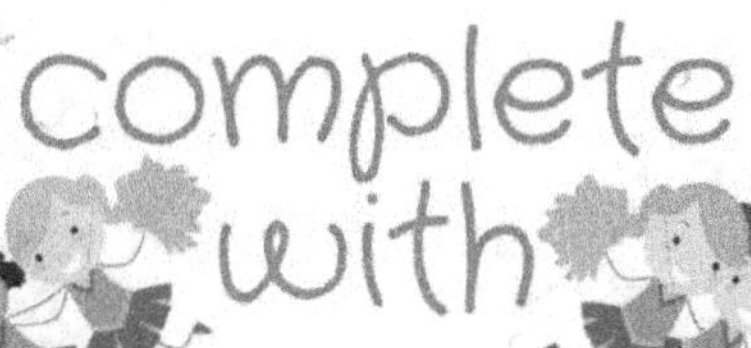

color letter L

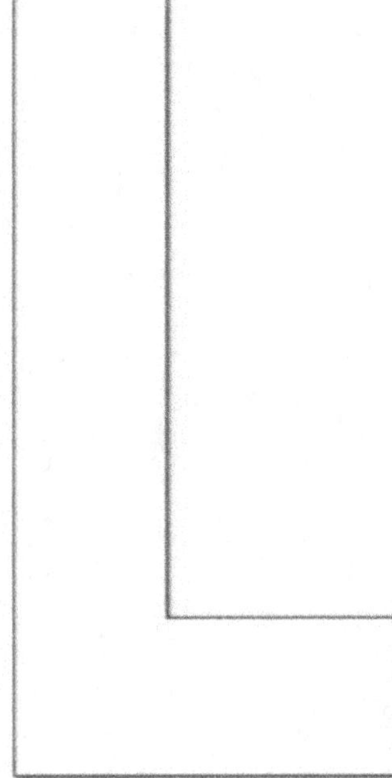

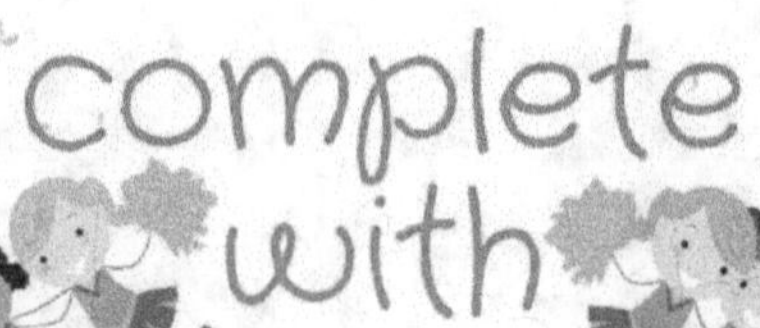

complete
with

color letter M

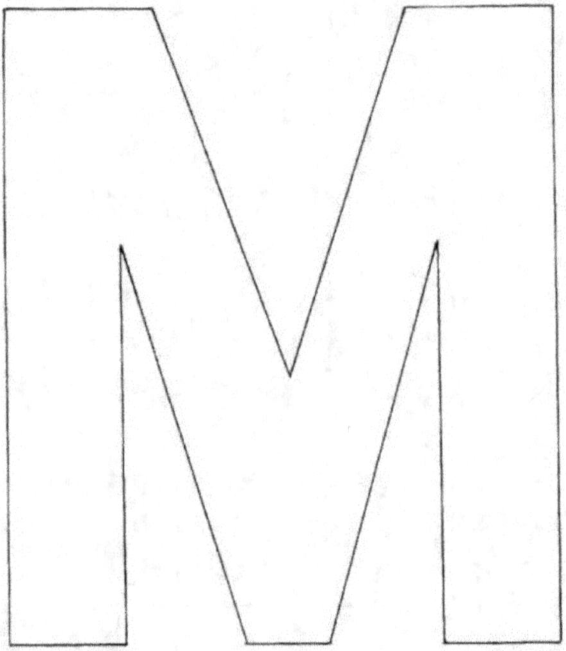

M

complete
with

color

complete
with

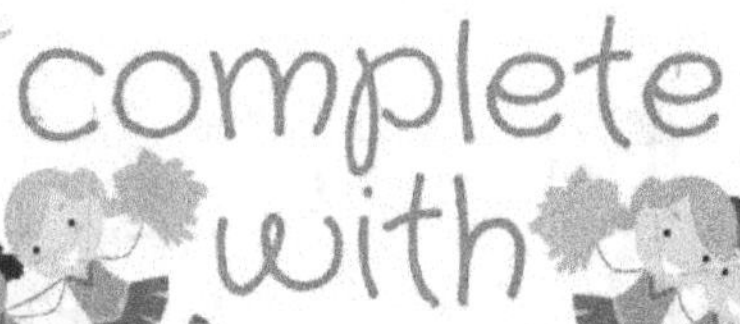

color letter N

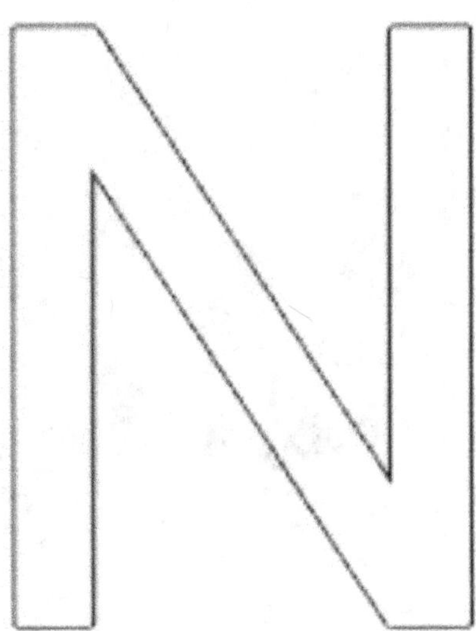

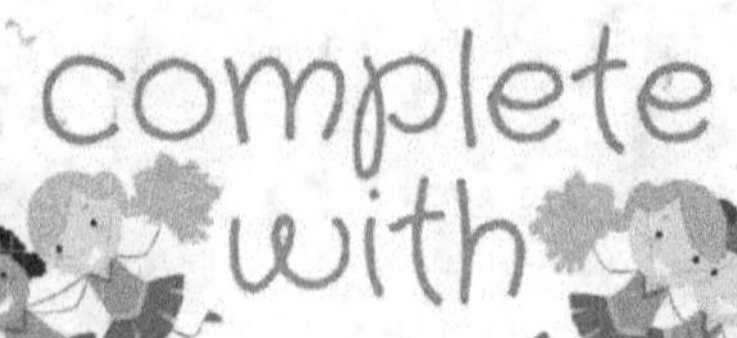

color Pumpkin

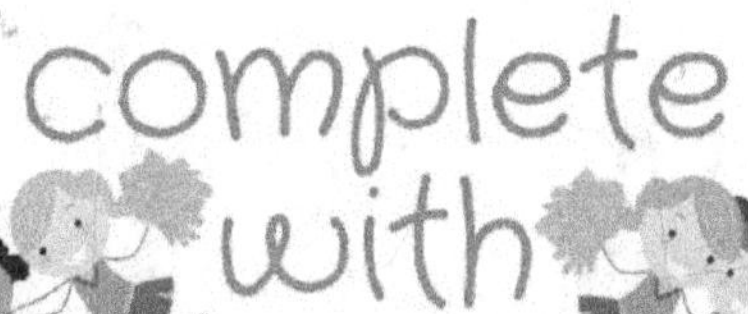

color letter O

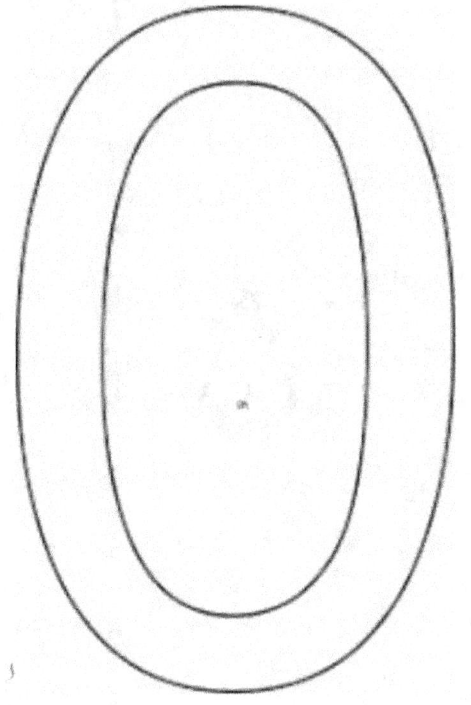

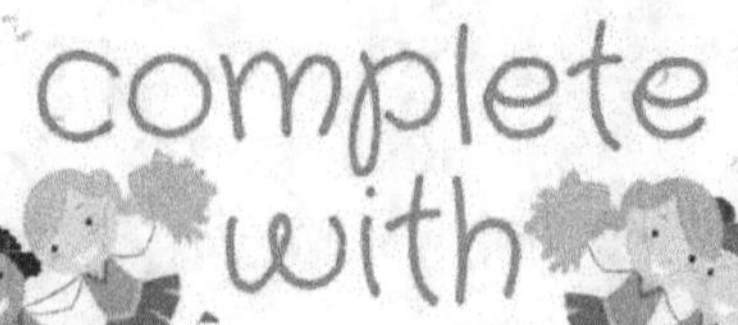

color Pumpkin

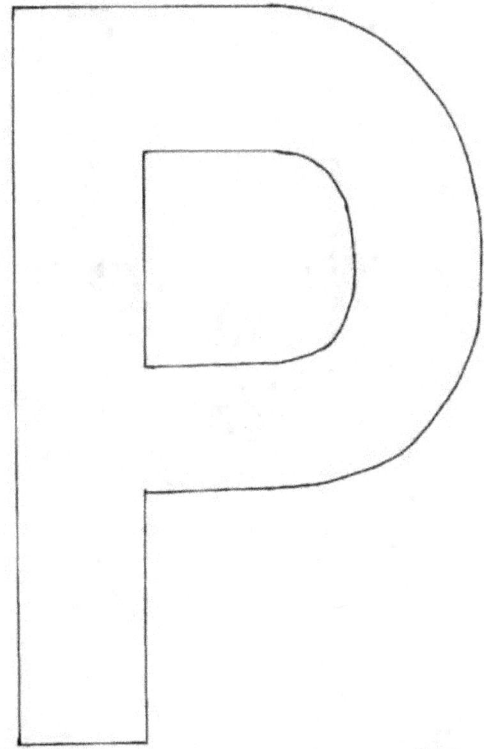

complete with

color letter P

P

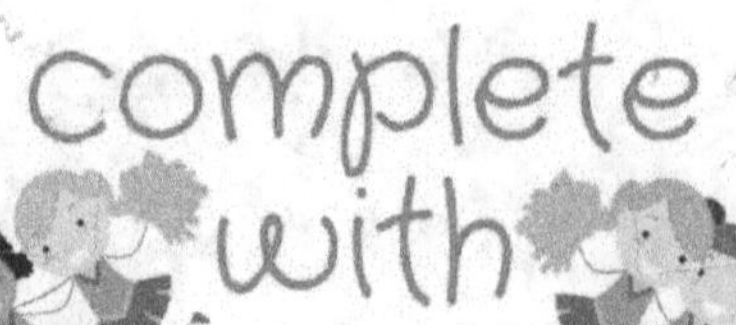

complete
with

color Pumpkin

color

complete with

color letter Q

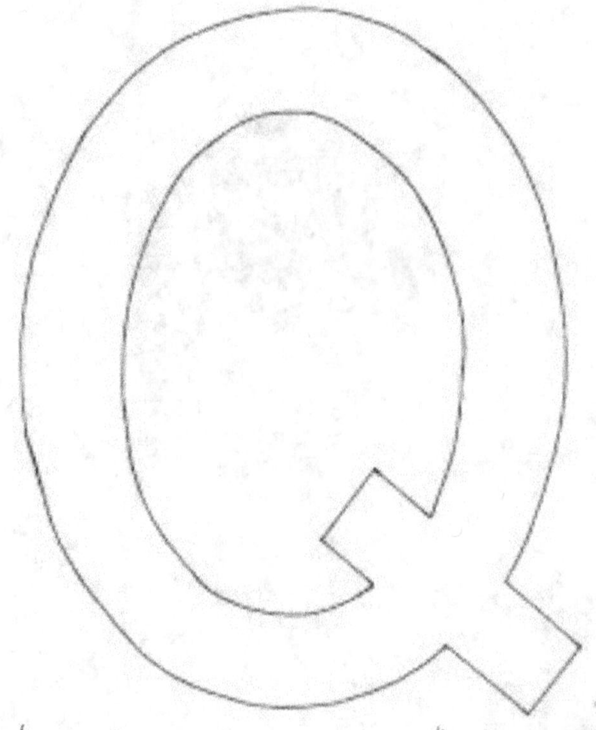

complete with

color letter R

complete
with

complete
with

complete with

color letter S

complete with

color

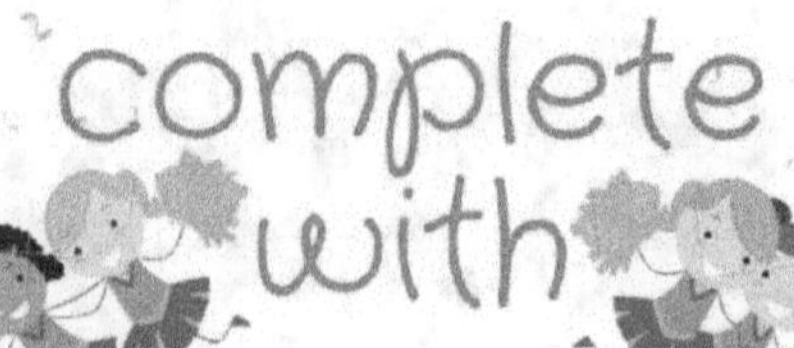

color letter T

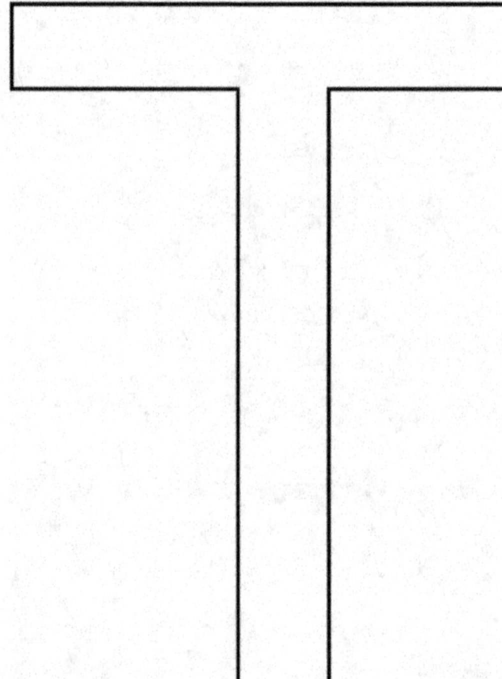

complete with

color

color number 0

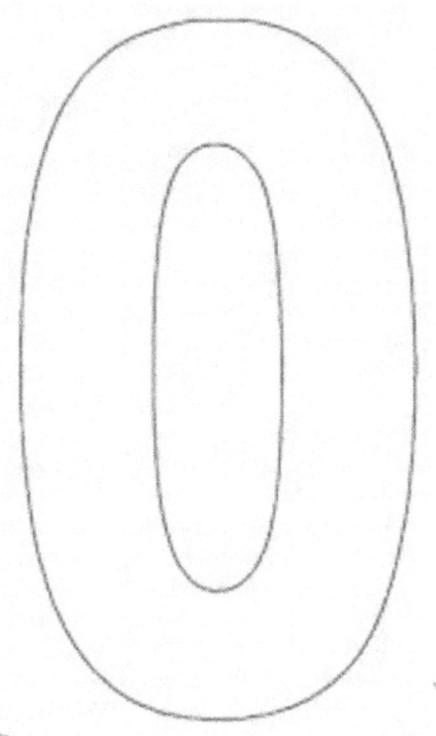

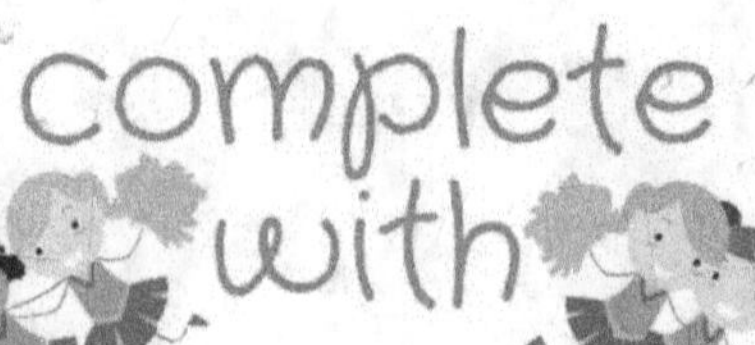

complete with

color number 1

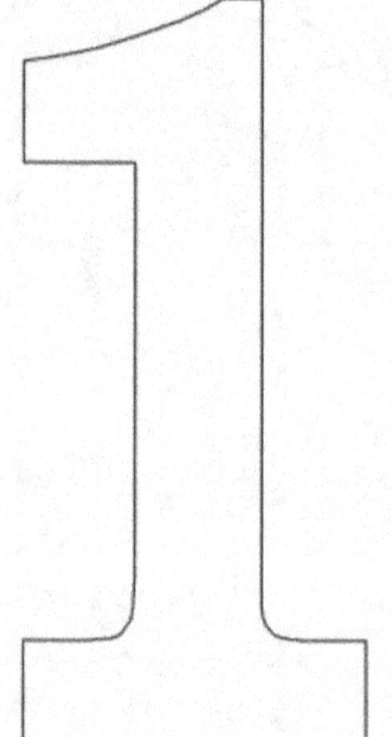

color number 2

color number 3

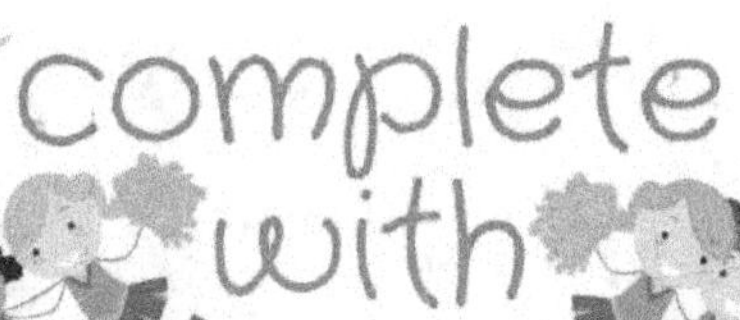

color number 4

complete with

color number 5

complete with

color number 6

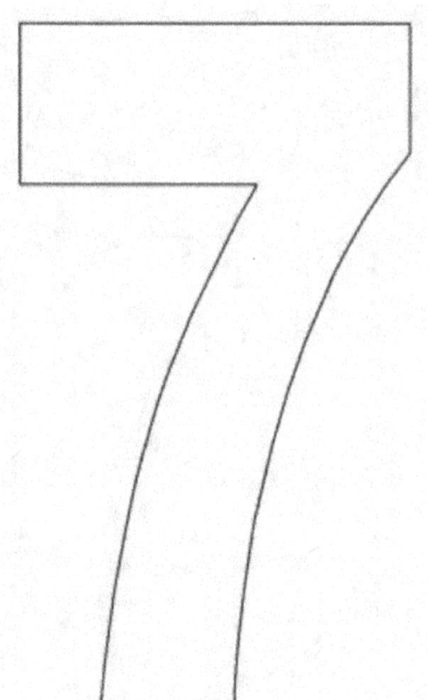

complete with

with

color number 7

complete with

color number 8

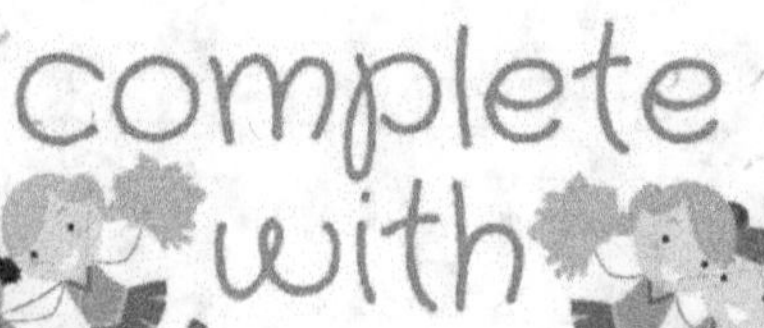

color number 9

complete with

color

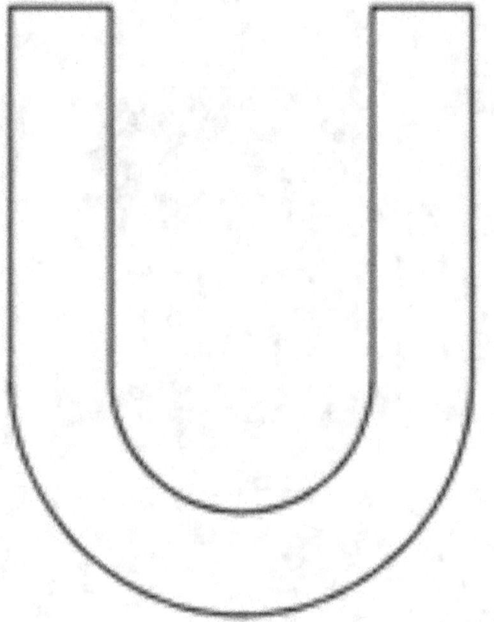

color letter U

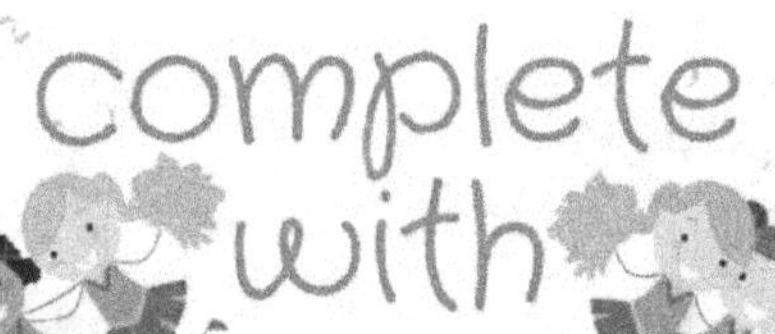

color letter V

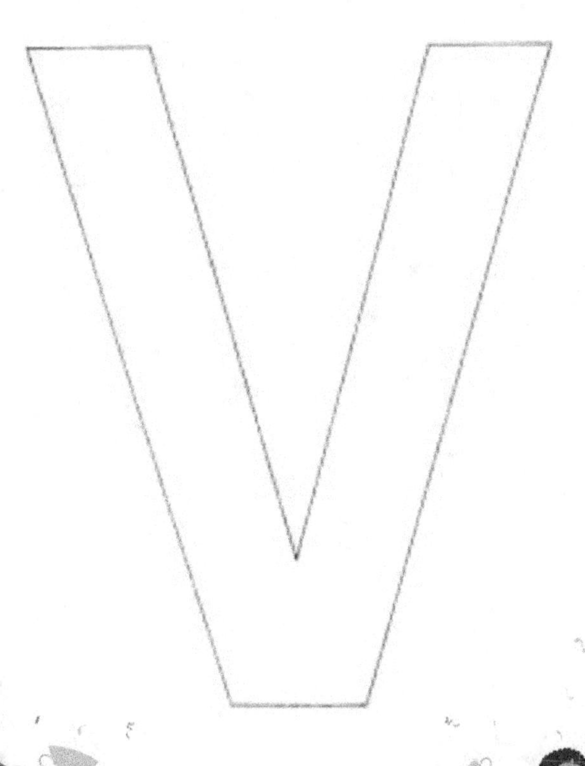

complete with
color letter W

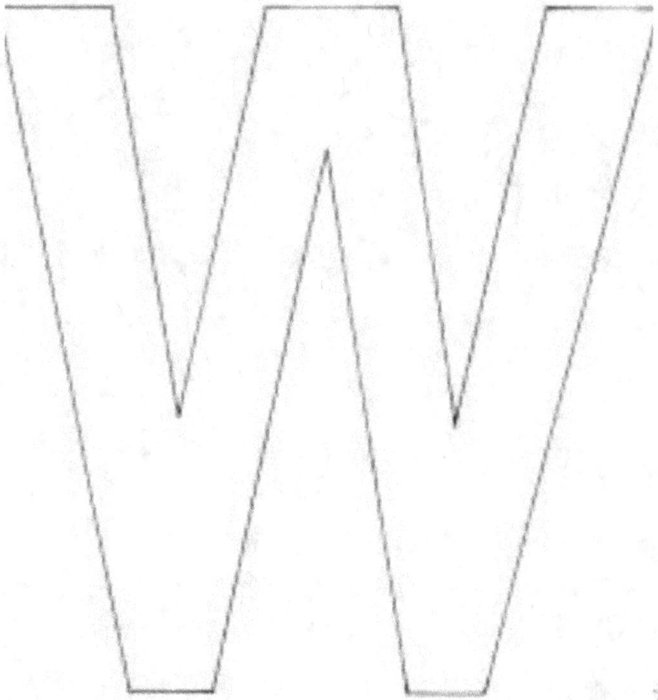

W

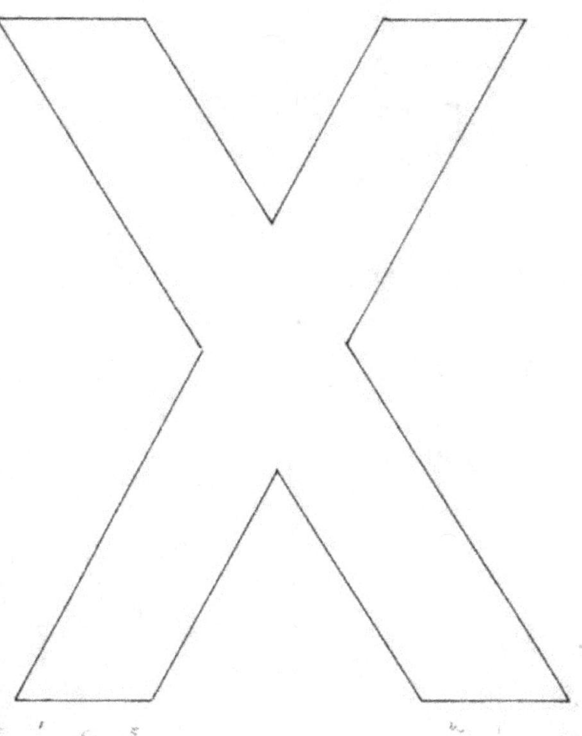

complete
with

color letter X

complete with

color number 3

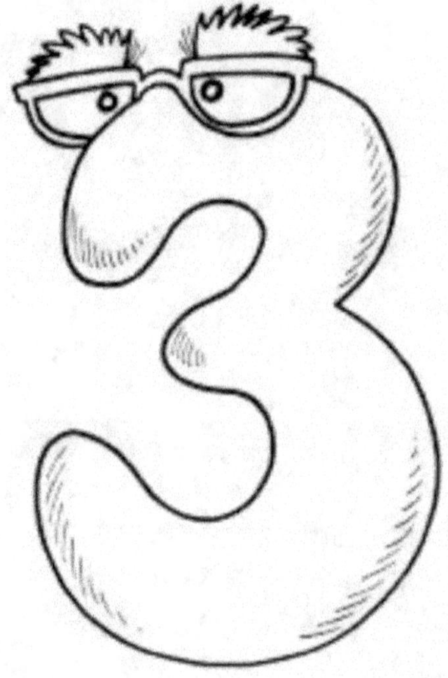

complete with color

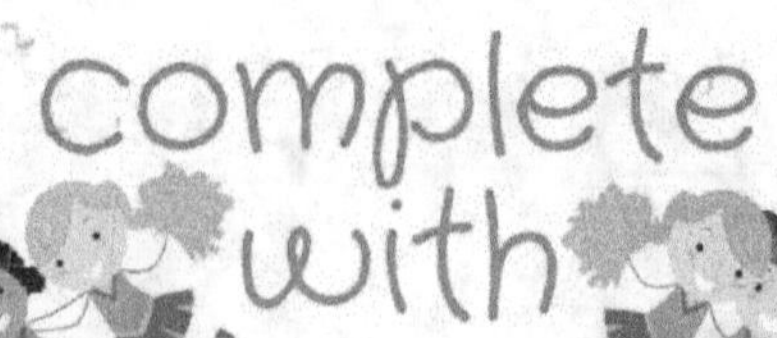

complete with

color letter Y

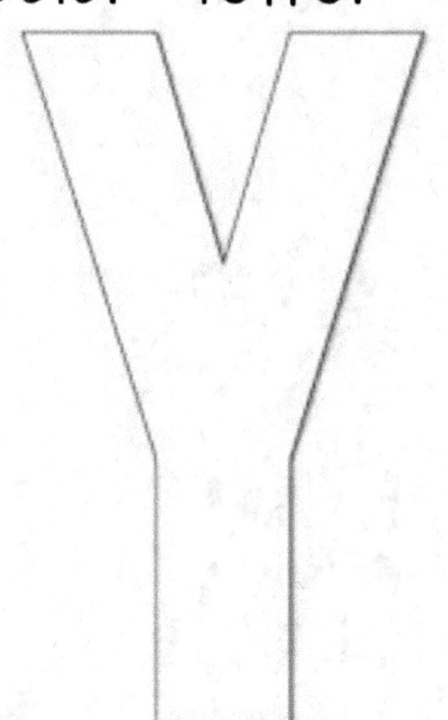

color letter Z

A B C intelligence